W0311766

Bali™

pique-nique à la maison

– À Jean-Jacques, Nadège et Maëva.
M.

– À petite Fred et Guillaume.
L. R.

© Flammarion 2002 pour le texte et l'illustration
© Flammarion 2009 pour la présente édition
www.editions.flammarion.com
ISBN : 978-2-0812-2246-5 — N° d'édition : L.01EJDN000351.C004
TM Bali est une marque déposée de Flammarion

Magdalena

Bali™

Laurent Richard

pique-nique à la maison

Père Castor • Flammarion

– Maman, on pique-nique ?
– Mais dehors il pleut, Bali !

– On pique-nique dedans si tu veux, dit Bali.

– D’accord, si tu m’aides !

Bali étale la nappe.
– Ne viens pas Maman,
c'est une surprise !

Maman prépare le panier.
– Ne regarde pas Bali,
c'est une surprise aussi.

Maman et Bali s'installent pour manger.

– J'ai une grosse faim moi !
dit Bali.

– Oh ! des tomates avec la peau.
Moi j'aime pas la peau.
Tiens, c'est pour toi Maman.

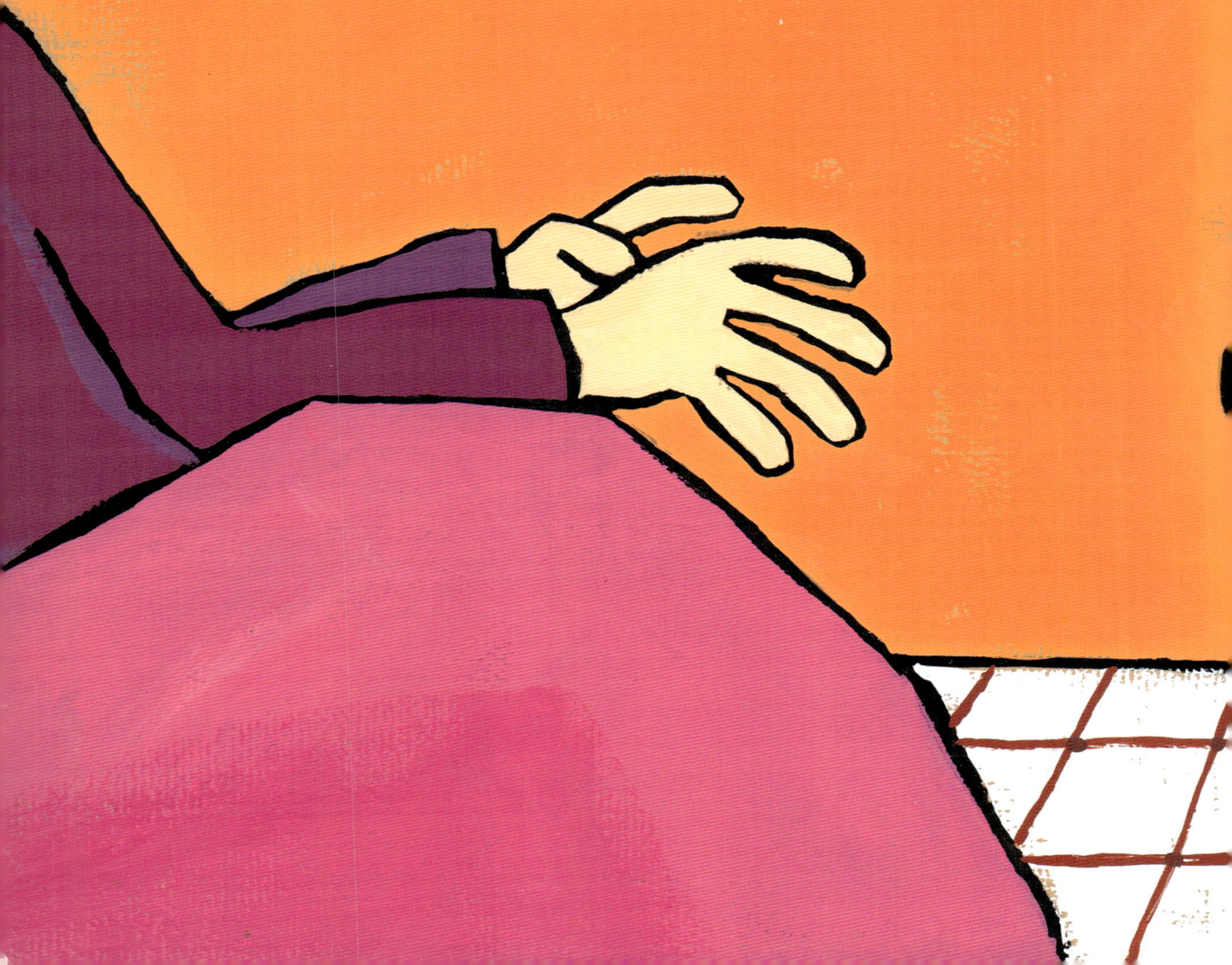

– Oh ! un œuf dur.
Moi je l'aime avec des mouillettes.
Tiens, c'est pour toi Maman.

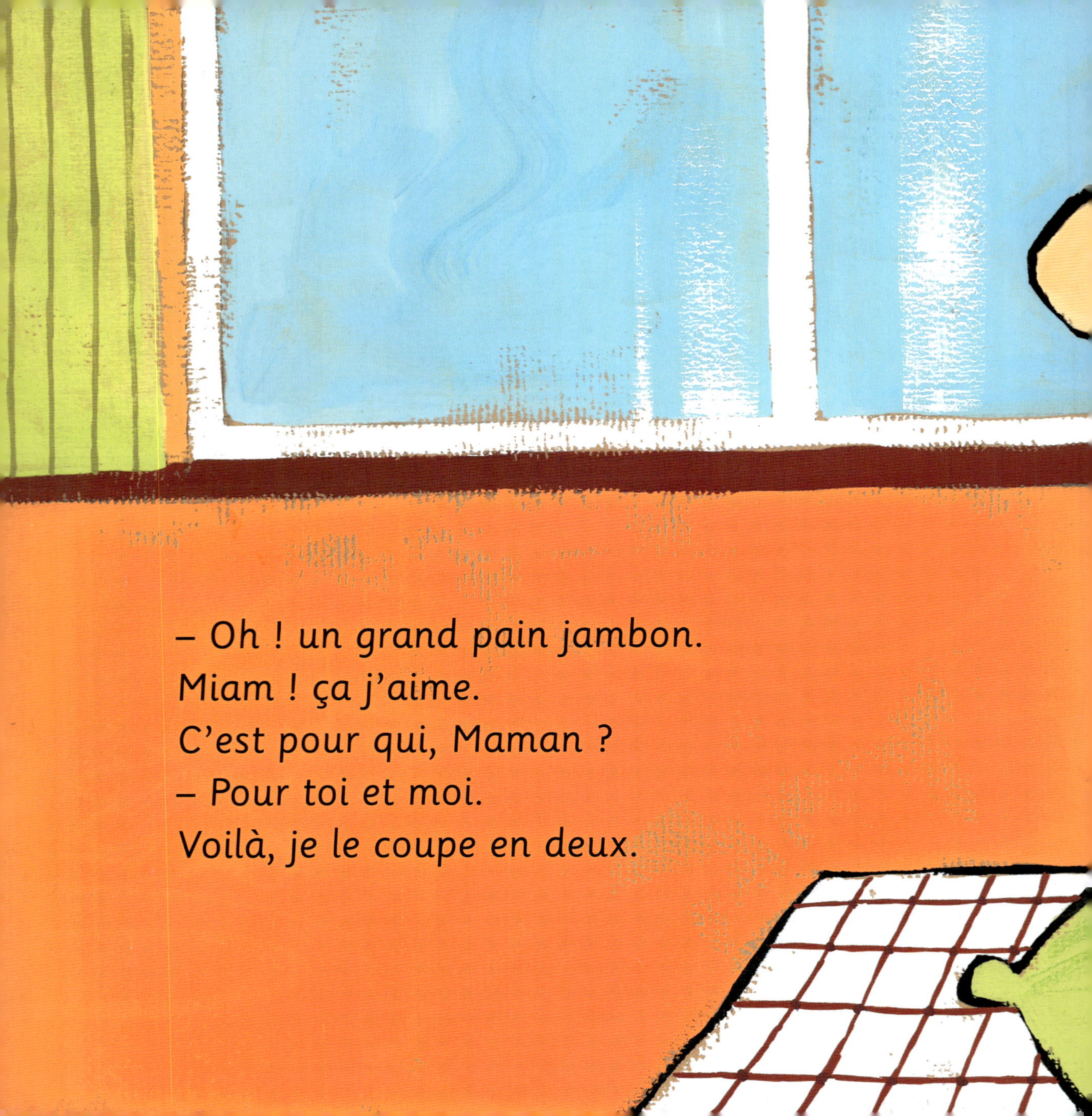

– Oh ! un grand pain jambon.
Miam ! ça j'aime.
C'est pour qui, Maman ?
– Pour toi et moi.
Voilà, je le coupe en deux.

Maman propose :
– Et en dessert… deux sœurs bananes.

– Je ne veux pas les séparer.
On peut les manger attachées ?
demande Bali en s'installant
sur les genoux de Maman.

Imprimé en Espagne par Edelvives en octobre 2011 – Dépôt légal : avril 2009
Éditions Flammarion – 87, quai Panhard-et-Levassor – 75647 Paris Cedex 13
Loi n° 49-956 du 16 juillet 1949 sur les publications destinées à la jeunesse